LA FRANCE

PAR

Constant GUIMARD

INVENTEUR DES CANONS PERFECTIONNÉS

Prix : 5 centimes

PARIS

E. DENTU, LIBRAIRE, PALAIS-ROYAL, 15, 17, 19,
Galerie d'Orléans.

NANTES

MAZEAU, LIBRAIRE, RUE SAINT-PIERRE, 2.

1883

PRÉFACE.

Un riche industriel a été interrogé dernière-
ment, par une personne de sa connaissance,
sur la conduite qu'il a tenue aux dernières
élections, où on l'a vu voter à bulletin ouvert
pour les radicaux. « Ce n'est pas ma faute ! a-
t-il répondu. Que voulez-vous qu'on fasse ?...
C'est le seul moyen d'échapper à un premier
pillage ! »

Cet aveu sincère en dit plus que de longs
discours. Il peint admirablement la situation.
Ainsi raisonneraient les timides agneaux, ou
des brebis sans défense, en attendant l'arrivée
des *capitaines* louvetiers. Leur politique con-
sisterait à faire en sorte de n'être mangés que
les derniers.

Mais ne l'oublions pas, quand on voit se
conduire ainsi des hommes auxquels leur position sociale fait un devoir de donner au peuple
l'exemple de la virilité, toutes les catastrophes
deviennent possibles.

A LA VIERGE DE LOURDES.

Ouvrons nos cœurs à l'espérance
Et prions avec confiance
Surtout pour l'Eglise et la France.

Près de la source miraculeuse,
Nous voyons accourir tous les jours
La foule émue et respectueuse.

L'infirme boit cette eau salutaire
Qui guérit ou calme la douleur
De celui qui prie avec ferveur
La Reine du ciel et de la terre.

A la grotte comme au sanctuaire
La piété redouble d'ardeur
Et ravive la foi du pécheur
Aux pieds de notre divine Mère.

O Vierge miséricordieuse,
Ne nous refuse pas ton secours
Et rends la France victorieuse.

LA FRANCE.

O peuple français, qu'as-tu fait de ta gloire ?

L'histoire du conclave de Venise, en 1800, nous donne un précieux enseignement que les conservateurs feraient bien de méditer sérieusement.

Ce conclave dura cent quatre jours. Tous les cardinaux électeurs étaient divisés en groupes tellement tranchés, que les tours de scrutin se multipliaient sans amener aucun résultat. Chacun s'obstinait à regarder son candidat comme le seul qui pût convenir dans les circonstances critiques où l'on se trouvait alors. La situation de l'Europe s'aggravait de jour en jour, et cependant aucun nom ne sortait de l'urne. Que faire ?... Il ne restait plus qu'à prendre le seul parti qu'imposait ainsi la force des choses. Un autre nom fut mis en avant, et réunit 25 voix sur 35 votants. Le nouveau candidat fut proclamé Pape sous le nom de Pie VII ; aussitôt toutes les anciennes compétitions fu-

rent oubliées. Les opposants d'autrefois ac-
clamèrent le nouvel élu et furent accueillis,
avec autant de bonté que les autres, par le
Père commun de la grande famille chrétienne.

Voilà l'image de notre situation présente au
point de vue politique.

L'impuissance des partis, sur laquelle spé-
culaient nos ennemis, doit cesser aujourd'hui.
Un nom nouveau se trouve mis en avant ; c'est
celui de Monseigneur le Comte de Paris. Notre
devoir à tous est de nous rallier autour de ce
chef incontesté de la Maison de France. Sa-
chons sacrifier nos sympathies et nos vues
personnelles à l'intérêt général.

Il importe au suprême degré de sortir le
plus tôt possible de la fausse position où nous
sommes en ce moment ; car elle donne à Bismarck le temps de nous enfermer dans le cercle
infranchissable d'une affreuse coalition. Cette
coalition n'est déjà plus une simple hypothèse.
Il est même probable qu'elle se familiarisera
bien vite avec l'idée d'un démembrement, en
donnant pour raison la nécessité de nous enlever
le pouvoir d'être une menace permanente pour
l'Europe monarchique, par le débordement des

doctrines révolutionnaires. L'une de ces nations rivales revendiquera pour sa part nos belles colonies, qui nous ont coûté tant de soins, et qu'on nous enlèvera comme des ruches pleines de cire et de miel. Celle-ci réclamera des millions ; celle-là nos vaisseaux, et les autres se partageront notre sol. Nous marchons visiblement à cet effroyable dénouement dont la pensée seule donne le frisson.

En présence d'un pareil danger, que signifient toutes ces délicatesses d'opinions qui scindent le grand parti conservateur ?

Je sais combien il en coûte de se rallier à une dynastie qu'on a toujours combattue. Mais enfin il est des circonstances dans la vie d'un peuple, où il faut savoir sacrifier les susceptibilités du point d'honneur au salut de son pays.

Périsse un drapeau plutôt que la patrie !

Voilà ce qu'a si bien compris cette noblesse chevaleresque, les illustres représentants des gloires de l'ancienne Monarchie. Ils n'ont pas hésité un seul instant à venir confier, aux secrets du tombeau, le symbole de leur foi politique. Quel brisement de cœur !... Tout perdre en ce jour fatal qui nous enlevait un prince

sur lequel nous fondions de si brillantes espé-
rances !... Voir ainsi disparaître le rêve de
toute sa vie, et jusqu'à l'antique drapeau de
cette France qui a traversé les siècles à la tête
des nations !

Hélas ! belles fleurs de lis, était-ce donc là
le sort que vous méritiez ? N'êtes-vous donc
pas à votre place sur les étendards qui font
la plus gracieuse, la plus sympathique décora-
tion de nos fêtes nationales ?...

Il est bien probable que la nation voudra dé-
cerner le titre d'Empereur à son nouveau
roi ; afin qu'il ne le cède point en dignité
aux autres chefs des grands Etats de l'Europe ;
car on peut tout espérer d'un peuple qui aime
l'éclat du commandement et le prestige d'un
pouvoir capable de lui faire honneur. Les impé-
rialistes dévoués, qui ont eu leurs jours d'an-
goisses et de douleurs poignantes, comme les
légitimistes, pourront ainsi se consoler de la
mort de leur jeune et vaillant prince, en re-
trouvant, dans la personne de Monseigneur le
Comte de Paris, un Empereur plein de bien-
veillance pour les nobles cœurs et les grandes
infortunes. Il y en a pourtant qui hésitent

encore, même parmi ceux qui sont appelés à
remplir des postes de confiance. Ils abhorrent
la canaille comme les légitimistes, et cependant
ils diffèrent toujours de donner leur adhésion,
au risque de nous exposer au malheur de voir
le drapeau de l'étranger flotter sur les tours de
la Capitale.

Comment ! vous le voyez, vous en convenez,
la France avilie est menacée d'un démembrement. Elle est conduite aux abîmes par la
cruelle, la hideuse franc-maçonnerie, qui n'as-
pire qu'à établir son infernale domination sur
les ruines de l'ordre social ; vous voyez les pé-
rils qui nous environnent de toutes parts, et
vous croyez que l'heure n'est pas encore venue
de jeter le voile de l'oubli sur nos funestes di-
visions !...

Le souverain que la Providence nous destine
n'est point un ambitieux. Ce n'est ni un uto-
piste, ni un maître intolérant. Il est l'ami du
progrès et ne déteste que l'anarchie (1). Toutes
ses sympathies sont pour le peuple dont il

______

(1) Il s'agit ici du véritable progrès et non des
utopies qu'on a décorées de ce nom.

veut faire le bonheur. Rien de plus raisonnable et de plus sincère que son programme politique :

1º Maintien du suffrage universel et libre accès des citoyens à tous les emplois.

2º Une Chambre des députés, sous le nom de *Corps législatif*.

3º Un Sénat inamovible nommé par le souverain et dont les grands dignitaires feront partie, ainsi que les hommes marquants du Sénat actuel et plusieurs membres de la Chambre, sans distinction d'opinions politiques.

4º Nomination des maires et des adjoints par le gouvernement.

5º Inamovibilité de la magistrature.

6º Liberté religieuse, exécution loyale du Concordat.

7º Liberté d'enseignement, à tous les degrés, et gratuité de l'instruction primaire, mais suppression de toutes les dispositions vexatoires qui portent atteinte aux droits imprescriptibles des parents.

8º Maintien des fonctionnaires qui auront su ne pas se rendre impossibles.

9º Liberté de la presse dans les conditions qui seront jugées nécessaires pour assurer le respect des mœurs et la tranquillité publique.

10° Liberté de réunion et d'association, dans les conditions énoncées ci-dessus.

11° Entente avec les grandes puissances pour obtenir, par voie diplomatique, la restitution de l'Alsace-Lorraine, afin de mettre un terme à cet armement exagéré qui est une cause de ruine pour tous les peuples de l'Europe.

Cette transformation politique aura pour effet de ramener la confiance qui s'en va. Elle donnera au commerce et à l'industrie une impulsion qui rendra la marine et l'agriculture florissantes. Cette ère nouvelle de prospérité permettra au gouvernement d'acquitter, peu à peu, l'énorme dette publique qui nous expose à une banqueroute générale. Un autre résultat est non moins certain, c'est la rupture de la coalition que Bismarck a si traîtreusement ourdie pour nous perdre.

La présence d'un souverain sur le trône de France intervertira les rôles, en plaçant notre ennemi dans la situation périlleuse où sa politique astucieuse nous a mis.

Ce fourbe avait fait donner en secret des millions au franc-maçon Gambetta, mandataire officiel des loges internationales, pour assurer le succès des candidatures républicaines, et il ne cesse aujourd'hui d'indisposer les autres nations contre cette France, qu'il représente comme un foyer de révolutions. Il n'échappera pas aux conséquences logiques de cette politique machiavélique ; car c'est l'homme le plus détesté qui soit au monde. Les dispositions personnelles des empereurs, de Russie et d'Autriche, sont trop bien connues pour qu'il puisse se faire illusion sur le sort qui lui est réservé, s'il refuse de nous rendre nos deux provinces.

LE TRIOMPHE DES BEAUX-ARTS

REFRAIN.

LE TRIOMPHE DES BEAUX-ARTS.

La poésie est le parfum de l'âme.

Refrain.

Chantez, joyeuse jeunesse,
Le triomphe des beaux-arts ;
Chassez au loin la tristesse
Qui blesse vos doux regards.

I

Les charmes de la musique
Ne le cèderont jamais
A ceux de l'art poétique
Sur notre vieux sol français.

II

L'harmonie et la peinture
Ravissent l'esprit humain
En jetant sur la nature
L'éclat d'un reflet divin.

III

Nos cités montrent au monde
Leurs superbes monuments
Que l'invention féconde
A décorés d'ornements.

IV

C'est pour cette architecture
Que le ciseau des sculpteurs
A fait de la pierre dure
Mille travaux enchanteurs.

V

Tout nous plaît dans le langage
Des beaux vers harmonieux ;
L'aspect d'un brillant mirage
A moins d'attrait pour les yeux.

VI

La sublime poésie
Commande à nos passions
Et nous fait aimer la vie
Malgré ses afflictions.

VII

Avec ses ailes dorées,
On parcourt joyeusement
Les régions éthérées,
De l'aurore à l'occident.

VIII

Sa douceur enchanteresse
Sert de baume à la douleur
Et dissipe la tristesse
Par des larmes de bonheur.

IX

C'est elle qui fait revivre
Ces images du passé
Dont le souvenir enivre
L'homme d'un âge avancé.

X

Elle embellit la nature
Par ses magiques accents
Et la brillante peinture
Des plus beaux jours de printemps.

Nantes. — Imp. Bourgeois, rue St-Clément, 57.

OUVRAGES DU MÊME AUTEUR :

Les Réflexions d'un jeune Catholique, ouvrage honoré d'un Bref du Saint-Père.

Le Baron d'Astriez.

Traité de Style épistolaire.

Les Fortifications de Paris et les Armes nouvelles.

Les Ballons incendiaires et la Révolution.

Les Flottes et les nouveaux Engins de Guerre.

Le Parlementarisme et la Stratégie nouvelle.

Le Suffrage universel et le Drapeau.

Un Coup d'Œil sur la Situation.

Les prochaines Elections.

La Construction des nouveaux Camps fortifiés.

Xariot.

Froteille.

La Merveille de l'Occident.

L'Erdre.

Notre-Dame de Pontmain.

Varnel.

Brolair.

Krolof.

Sainte-Anne d'Auray.

Tryphule.

Le Patriotisme.

POUR PARAÎTRE PROCHAINEMENT :

Les Préoccupations de l'Intelligence.

Nantes. — Imp. Bourgeois.